AF312812

ARCHIVES DE LA MARINE

RÉPERTOIRE NUMÉRIQUE

DES

ARCHIVES DE L'ARRONDISSEMENT MARITIME

DE CHERBOURG

(SÉRIE K TRAVAUX HYDRAULIQUES)

PAR

A. TOLLEMER

ARCHIVISTE DU 1ᵉʳ ARRONDISSEMENT MARITIME

PARIS

IMPRIMERIE NATIONALE

—

1922

RÉPERTOIRE NUMÉRIQUE

DES

ARCHIVES DE L'ARRONDISSEMENT MARITIME

DE CHERBOURG.

SÉRIE K (TRAVAUX HYDRAULIQUES).

AVANT-PROPOS.

La série K (travaux hydrauliques) des Archives du 1er arrondissement maritime comprend actuellement une seule sous-série 1 K (Fonds du service des travaux hydrauliques), qui constitue la source principale de l'histoire des gigantesques travaux entrepris à Cherbourg.

Nous n'y trouvons, à l'exception de documents relatifs à l'achat de terrains divers pour la construction d'un port, que quelques pièces antérieures à 1782. C'est l'époque où, d'après un rapport de Louis de La Couldre, vicomte de La Bretonnière [1], Cherbourg fut enfin désigné pour servir de port-abri [2]. Après les divergences de vues qui s'étaient manifestées au sujet de l'emplacement de la digue [3], et sur les méthodes de construction de cette œuvre, un ingénieur, Louis-Alexandre de Cessart, fut chargé de commencer les travaux. La sous-série 1 K possède les mémoires de M. de Cessart sur la construction, la flottaison et la mise à la mer des caisses coniques que cet ingénieur avait fait construire et dont la première pose à Cherbourg eut lieu le 5 juillet 1784 (1 K⁴ 9).

A partir de cette époque, l'historien trouvera dans la série K les rapports, projets et plans relatifs à la construction de la digue et du port militaire.

---

[1] Archives nationales, D. 2¹⁰.

[2] C. Hippeau. *La rade et le port militaire de Cherbourg.* (*Documents provenant du château d'Harcourt.*) Caen, 1864, in-12. — Général Dumouriez. *Mémoires,* Londres, 1794, in-12.

[3] Reibell. *Notice historique et descriptive des travaux de la digue de Cherbourg,* 1840 (manuscrit), Archives du 1er arrondissement maritime, 1 K⁴ 54.

Si, de 1784 à 1789, de grands travaux ont été accomplis, ils furent presque abandonnés en 1790 et 1791 et ce n'est qu'au début de 1792 que l'Assemblée législative, après une enquête sur l'état des ouvrages précédemment exécutés, et qui revenaient déjà à plus de 30 millions, institua une commission composée d'officiers de Marine, d'officiers du Génie militaire, d'ingénieurs des Ponts et Chaussées et de pilotes de la rade [1].

Le rapport de cette commission «a été le point de départ et la base de tous les travaux qui ont été projetés et exécutés à Cherbourg sous le Consulat et l'Empire [2]».

Le 15 avril 1803, le Premier Consul prit un arrêté relatif à la construction d'un port militaire à Cherbourg. L'ingénieur Cachin fut chargé des travaux et les premiers plans qu'il soumit à l'Empereur ne paraissent pas, d'après une lettre adressée par Napoléon au Ministre de la Marine Decrès (25 ventôse an XIII–16 mars 1805), lui avoir donné toute satisfaction.

Après des modifications, les travaux de la digue et du port furent activement poursuivis par Cachin et en 1811 (26–30 mai), l'Empereur et l'Impératrice vinrent à Cherbourg. Deux ans plus tard (25 août–1er septembre 1813), l'Impératrice inaugurait le nouvel avant-port.

Il ne semble pas que de grands travaux aient été exécutés à Cherbourg sous la Restauration, car ce n'est qu'en 1828 que le Ministre de la Marine, Hyde de Neuville, prit une résolution au sujet de l'achèvement de la digue. L'ingénieur des Travaux maritimes de Lamblardie fut désigné à la fin de 1829 comme rapporteur et son rapport concluait à l'adoption presque complète du projet du Directeur des Travaux d'alors, Fouques-Duparc. Ce fut l'ingénieur Reibell qui termina l'ouvrage gigantesque qu'est la digue de Cherbourg.

Les historiens trouveront également, dans la sous-série 1 K, des documents aussi utiles que nombreux au sujet de la construction du port et des autres ouvrages. Nous allons indiquer succinctement la valeur historique des différents groupes qui la composent.

1 K¹.

CORRESPONDANCE, DÉPÊCHES MINISTÉRIELLES, ORDRES PRÉFECTORAUX.

Il est à noter que toute la correspondance ne se trouve pas dans cette sous-série, car bien souvent des lettres ont été jointes à diffé-

---

[1] Cachin, Crublier-Optère, Dudézerseuil, Lamblardie, Le Pesqueur, Le Tourneur.
[2] REIBELL, notice citée.

rents dossiers se rapportant à d'autres sous-séries. C'est ainsi, par exemple, que, depuis 1886, il n'existe aucun registre de minutes de lettres.

En dépit de ses lacunes, cette série offre de l'intérêt pour l'histoire des travaux de Cherbourg. Le groupe 1 K¹ 206-209 comprend des ordres préfectoraux d'un certain intérêt pour l'histoire locale. Citons particulièrement les ordres donnés à la direction des Travaux hydrauliques qui se rapportent à différentes fêtes civiles et militaires et à certaines cérémonies, inaugurations, etc.

1 K².

PLANS, CARTES, DESSINS.

Cette sous-série comprend à la fois des documents d'un grand intérêt historique et des œuvres remarquables au point de vue du dessin et du lavis. Il sera indispensable aux historiens de consulter cette sous-série en même temps que 1 K³ et 1 K⁴. Ces trois groupes de documents forment la source principale des renseignements concernant les grands travaux qui ont été faits à Cherbourg depuis 1784, qu'il s'agisse de la digue, du port ou de l'arsenal.

1 K³.

ARSENAL ET BÂTIMENT.

On le conçoit, cette série n'a guère d'utilité qu'au point de vue administratif.

1 K⁴.

PORT, RADE ET DIGUE DU LARGE.

Les articles de la sous-série 1 K⁴ sont pour la plupart relatifs au port, à la digue et à la rade de Cherbourg, mais quelques-uns d'entre eux concernent également l'arsenal. Le lecteur trouvera dans 1 K⁴ les mémoires de l'ingénieur de Cessart relatifs aux caisses coniques, le journal des tempêtes où l'on verra combien la digue, dès le début de sa construction, eut à souffrir des effets de la mer. On y trouvera également la copie d'une lettre que l'Empereur adressait au Ministre de la Marine et dans laquelle il se montre plutôt sévère envers l'ingénieur Cachin.

Il convient particulièrement de signaler la notice historique et descriptive des travaux de la digue, due au célèbre ingénieur qui eut l'honneur de terminer les travaux, l'inspecteur général des Travaux hydrauliques Reibell.

1 K⁵.

AFFAIRES IMMOBILIÈRES, RENSEIGNEMENTS ÉCONOMIQUES, RAPPORTS DU SERVICE
DES TRAVAUX HYDRAULIQUES AVEC LES ADMINISTRATIONS CIVILES.

Les directeurs des travaux de Cherbourg ont eu des rapports de service constants avec les autorités civiles. Les documents les plus intéressants de cette sous-série sont des études économiques intéressant Cherbourg et sa région.

1 K⁶.

LITTORAL ET PORTS AUTRES QUE CELUI DE CHERBOURG.

Les différents directeurs des Travaux hydrauliques ont eu à s'occuper également du littoral et des ports régionaux. Citons dans cette sous-série, très peu nombreuse à l'heure actuelle, les rapports de l'ingénieur Cachin sur une reconnaissance de la côte entre Diélette et Port-Bail et diverses notes concernant la défense du littoral contre les envahissements de la mer.

1 K⁷.

FÊTES ET RÉCEPTIONS DE CHEFS D'ÉTAT ET DE PERSONNAGES IMPORTANTS,
INAUGURATIONS.

On ne peut s'attendre à rencontrer dans cette sous-série que des documents relatifs aux travaux et aménagements nécessités par les fêtes et les réceptions des souverains. C'est plutôt dans le fonds de la Préfecture maritime que l'on trouvera des renseignements intéressants sur la portée politique et les incidents de ces solennités. Néanmoins, la sous-série 1 K⁷ comprend de nombreux articles de journaux parisiens et locaux relatifs aux fêtes données à Cherbourg.

Nous complétons les renseignements qui précèdent par une liste des directeurs du service des Travaux maritimes de Cherbourg depuis la création des arrondissements maritimes.

17 VENTÔSE AN VIII—13 FLORÉAL AN IX. — Antoine-Nicolas GAYANT, ingénieur chargé en chef du service de l'arrondissement de Cherbourg [1].

21 FRUCTIDOR—8 PRAIRIAL AN X. — Louis-François-Bazin DELORME, ingénieur chargé de surveiller en chef les travaux de la rade de Cherbourg.

5 VENDÉMIAIRE AN XIII—23 MARS 1838. — Louis-Benoit FOUQUES-DUPARC, qualifié d'abord d'ingénieur chargé de diriger en chef les travaux de Cherbourg, puis (1er mars 1812) de directeur des Travaux maritimes du port de Cherbourg.

21 MAI 1814—22 FÉVRIER 1825. — Joseph-Marie-François CACHIN, directeur supérieur des travaux de la rade et du port de Cherbourg [2].

23 MARS 1838. — VIRIA, directeur des Travaux hydrauliques et bâtiments civil par intérim.

11 AVRIL 1838. — Félix-Jean-Baptiste REIBELL, directeur des Travaux hydrauliques et bâtiments civils, comme tous les fonctionnaires dont le nom suit :

6 JANVIER 1857. — Aimable-Paulin RICHARD.

28 MARS 1861. — Henry-Frédéric-Adolphe FONTAINE.

22 SEPTEMBRE 1871. — Eugène-Henri CHANSON.

---

[1] Cet «arrondissement», qui ne semble avoir eu qu'une existence éphémère, comprenait la moitié occidentale de l'arrondissement maritime dont le Havre était le chef-lieu. (Voir état annexé à l'arrêté des consuls du 17 ventôse an VIII, dans *Recueil des lois relatives à la Marine*, t. X, p. 174.)

[2] Nous avons vu que Cachin dirigeait les travaux de Cherbourg depuis 1803, mais c'était avec le titre de directeur des travaux, en résidence à Paris. Les directeurs de travaux, au nombre de trois ou quatre, selon les époques, étaient chargés de la direction technique générale des Travaux maritimes; ils constituaient le conseil des Travaux. Créés par arrêté ministériel du 18 pluviôse an VIII, ils furent supprimés par l'ordonnance du 21 mai 1814, qui plaça leurs attributions entre les mains d'un seul d'entre eux, Sganzin, avec le titre d'inspecteur général des Travaux maritimes, et réduisit Cachin à l'emploi de directeur supérieur des travaux de Cherbourg, en résidence dans ce port.

26 JANVIER 1872. — Henri-Arthur LÉONARD.

1ᵉʳ AVRIL 1880. — Lucien-Georges-Louis RENAUD.

1ᵉʳ NOVEMBRE 1886. — Charles-Albert FROSSARD.

21 JANVIER 1902. — Paul-Charles-Arthur MINARD.

24 JUILLET 1914. — Gaston-Émile-Edmond JOMIER.

23 AOÛT 1918. — Marie-Baptiste-Adolphe DELANDE.

10 JANVIER 1921. — Henri-Marcel THÉVENOT.

SÉRIE K (TRAVAUX HYDRAULIQUES).

SOUS-SÉRIE 1 K
Fonds de la Direction des Travaux hydrauliques.

1 K¹.

CORRESPONDANCE, DÉPÊCHES MINISTÉRIELLES, ORDRES PRÉFECTORAUX.

1 . . . . Copies de lettres non signées adressées au Duc d'Harcourt, à Cessart et à divers. 1786–1791

2 . . . . Copies de lettres non signées adressées à divers. — Copies de lettres adressées par l'ingénieur des Ponts et Chaussées, chargé des travaux maritimes, à divers 1796–1802

3 . . . . Copies de lettres adressées par les Commissaires principaux de Marine à Cherbourg à divers. — Copies de lettres adressées aux mêmes par divers. . . . . An IX–an X

4–6 . . . . . Registres de la correspondance adressée par l'Ingénieur chef de service des travaux maritimes du port Bonaparte et de Cherbourg, à divers . . . . An XI–an XIII

7–18 . . . . Registres de la correspondance adressée à divers par le Directeur des travaux maritimes 1803–1824

19 . . . . . . Registre de la correspondance adressée par le Directeur des travaux maritimes à l'Inspecteur général des travaux maritimes. 1825–1831

20–21 . . . Registres de la correspondance, mémoires et rapports, détails estimatifs et autres pièces relatives aux travaux de la digue. 1829–1838

22–126 . . Registres des copies de lettres, mémoires, rapports et ordres des ingénieurs des travaux maritimes de la Direction de Cherbourg 1809–1886

127–205 . Dépêches ministérielles 1787–1893

206–209 . Ordres préfectoraux 1852–1893

1 K².

PLANS, CARTES, DESSINS.

1 . . . . **Plans des terrains avant la construction du port militaire et projets de construction du port** **1783–1815**

       1 . . . . .   Profil de la fosse du Galet avant la construction du port (sans date).

       2 . . . .   Plan de terrains aux abords du fort du Hommet, du fort du Galet et de la carrière des Fourches (1783).

       3 . . . .   Plan des terrains à exproprier pour l'exécution du port militaire, signé Cachin (15 ventôse an xii– 6 mars 1804).

       5 . . . .   Plans des terrains affectés aux travaux du port Bonaparte, signé Cachin (1806).

       7 . . . .   Plan de terrains à exproprier, signé Decrès (sans date).

       12–19.   Plans de terrains et projets de construction du port (sans dates).

2 . . . . **Premiers projets de construction du port militaire et de l'avant-port** **1686–1859**

       1 . . . . .   Plan de la ville et du château de Cherbourg avec la nouvelle fortification suivant le plan de Vauban, d'après l'original [1] (15 juillet 1686).

       2–3 . . .   Projets de construction du port militaire aux Flamands (1788).

       4 . . . . .   Projet de construction du port Bonaparte, signé Cachin (sans date).

       6 . . . .   Plan détaillé des projets proposés par la Commission des travaux de Cherbourg, tant pour l'amélioration du port marchand que pour l'établissement d'un port de retraite dans la fosse du Galet en exécution de la loi du 1ᵉʳ août 1792, signé des membres de la commission : Cachin, Lamblardie, Crublier-Optère, Letourneur, Dudeserseuil, Le Pesqueux.

       9 . . . .   Plan et projet de Cachin concernant le port militaire, signé par le Ministre de la Marine et approuvé par le Premier Consul (1802–1803).

       11 . . . .   Plan et projet de Cachin concernant le port militaire (1803–1804).

       12 . . . .   Plan du port de Cherbourg et du port Bonaparte avec le tracé des projets, par Bastien Le Père (1803).

---

[1] . . . . plan, signé Vauban, se trouve au musée Armand Le Véel, Cherbourg.

13.... Plans généraux de situation des travaux du port Bonaparte au 1ᵉʳ janvier des années 1807, 1808, 1809.

23.... Plan de situation du port Napoléon au 1ᵉʳ janvier et au 1ᵉʳ août 1810.

26.... Plan général de situation des travaux du port au 1ᵉʳ janvier 1811.

28–29. Plans généraux de situation des travaux du port (1812).

31.... Plan général du port militaire (1812), signé Cachin.

35.... Plan de situation des travaux du port au 1ᵉʳ janvier 1813.

40–41. Plan et projets des travaux du port, fin de 1813, signé Cachin.

3........ Plans relatifs à la construction du bassin Charles X.   1803–1825

12. Avant-projet de travaux à exécuter en 1815, signé Cachin.

25. Projet concernant les travaux de maçonnerie et divers ouvrages, approuvé le 8 août 1825, par le Secrétaire d'État, signé par l'Inspecteur des travaux maritimes Sganzin, le Directeur des travaux maritimes Fouques-Duparc et l'Ingénieur des travaux maritimes Leroux.

4........ Projet des établissements à construire au Nord du bassin Charles X et plans de différents travaux de barrages, d'écluses, d'un pont-tournant, etc...................... 1827–1892

5........ Plans concernant les travaux exécutés pour la construction de l'arrière bassin........................ 1837–1858

10. Plan de murs de quai de l'arrière-bassin, approuvé par le Secrétaire d'État et signé par le Directeur des travaux maritimes Reibell.

6........ Plans généraux de l'arsenal................. 1830–1857

6. Plan du port de Cherbourg, comprenant la ville de Cherbourg, les établissements de commerce et ceux de la Marine militaire (1838).

9. Plan du port de Cherbourg annoté par le Directeur des travaux maritimes Reibell (1839).

11. Plan général des établissements existant ou en cours d'exécution au nouvel arsenal, dressé conformément à la dépêche du 10 avril 1841.

19. Plan général des ouvrages maritimes et militaires exécutés, en construction ou projetés dans le port, la rade, la ville et aux environs de Cherbourg (1852). Situation des enrochements de la digue à la reprise des travaux en 1832.

27. Plan du vieil et du nouvel arsenal de Cherbourg (18 octobre 1854).

7........ Plans concernant les cales de construction de l'avant-port.
1816-1865

8....... Plans concernant les cales de carénage du bassin Napoléon III.
1839-1853

9....... Plans concernant les formes du bassin Napoléon III.
1844-1879

10...... Plans concernant la forme Cachin............ 1811-1850

11...... Plans concernant les bateaux-portes et passerelles flottantes.
1813-1857

12...... Plans concernant l'écluse de communication de l'avant-port avec
le bassin Charles X. 1811-1874

2-3.   Plans de l'écluse, signés Cachin, sans dates.

13...... Plans concernant les écluses de communication de l'avant-port
avec le bassin Napoléon III............... 1827-1853

14...... Plans relatifs aux constructions et établissements de Chantereyne.
1784-1867

1.   Plan du chantier de Chantereyne à l'époque de la construction des cônes (1784).

15...... Dessins concernant l'atelier de corroyage des mortiers pendant la
construction du port................... 1839-1858

16...... Plans des hangars de la région sud-ouest....... 1829-1863

17...... Projets de construction et plans du hangar aux bois. 1845-1849

18...... Plans des hangars des torpilleurs............ 1879-1880

19...... Plans des ateliers à bois.................. 1844-1852

20...... Plans des forges d'armement............... 1864-1886

21...... Plans des fonderies et des machines-martinets.... 1838-1852

22...... Plans concernant les ateliers de la grosse et de la petite chaudronnerie...................... 1839-1859

23...... Plan de la halle de montage de l'atelier des machines.
1842-1850

24...... Plans concernant le projet de construction d'une corderie.
1849-1860

25...... Plans concernant les pigouillères............ 1813-1855

26...... Plans concernant la construction des bâtiments des subsistances.
1849–1862

27...... Plans concernant un projet de bassin à flot au bassin des subsistances. 1849

28...... Plans concernant les marégraphes............ 1843–1846

29...... Plans des bâtiments de l'ancienne Majorité..... 1838–1872

30...... Plans concernant la construction de la prison maritime.
1838–1852

31...... Plans des bâtiments de la Direction des Mouvements du port et
de la Garniture...................... 1838–1870

32...... Plans des parcs à charbon................. 1844–1856

33...... Plans des coqueries. 1841–1864

34...... Plans des entrées de l'arsenal.............. 1842–1861

35...... Plans des réservoirs d'eau de l'arsenal........ 1845–1869

36...... Plans du fort des Flamands, de la pyrotechnie et des magasins
à poudre. 1841–1862

37...... Plans des casernements................. 1848–1856

38...... Plans des postes de garde et des postes de pompiers. 1841–1862

39...... Plans du fort de l'île Pelée................ 1782–1790

40...... Plans de l'ancienne Direction et de l'atelier à bois des travaux
hydrauliques. 1845–1860

41...... Plans concernant le port de commerce, les jetées, les écluses et
le pont-tournant...................... 1791–1850

       • Plan d'un pont-tournant, signé par de Cessart, 6 septem-
       bre 1791.

42...... Plans concernant les distributions d'eau....... 1835–1869

43...... Plans concernant le chemin de fer de l'arsenal... 1854–1876

44...... Plans concernant l'exploitation des carrières du Roule pour la
construction de la digue............... 1780–1851

45...... Plans concernant la construction de l'hôpital.

46...... Plans concernant des bâtiments de divers services. 1849–1860

47...... Plans du bâtiment du Commissariat.......... 1852–1860

48...... Plans concernant les bâtiments de la Direction de l'Artillerie navale.

49...... Plans concernant l'installation de la pyrotechnie dans la vallée des Ingoufs.

50...... Plans concernant les poudrières du Nardouët.

51.....«. Plans concernant un projet de construction d'un hôtel de la Préfecture maritime.................... 1845–1861

52...... Plans de fortifications des fronts de mer, des forts du Galet et de Querqueville et de la redoute d'Octeville.

53...... Plans concernant le fort Chavagnac........... 1845–1861

54...... Plan du polygone de Querqueville.

55.. ... Plan des baraquements de Querqueville.

56...... Plan concernant l'élargissement de la passe du bassin Charles X.

57...... Plan de l'allongement de la forme.

58...... Plan concernant l'extraction d'une roche sous-marine dans la région sud-est de l'avant-port.

59...... Plans directeurs du Génie.

60...... Plans des terrains appartenant à la Marine dans l'arrondissement de Cherbourg.

61...... Plans concernant les phares et divers appareils de chauffage et d'éclairage.

62...... Plans concernant l'entretien des blocs autour de la digue du large.

63...... Cartes des sondages de la rade et observations sur les marées. 1789–1898

64...... Plans des rues de Cherbourg en 1792.

65...... Cartes de la rade et plans de divers ports de commerce.

66...... Plans concernant la ligne de chemin de fer de Paris à Cherbourg.

67...... Dessins divers étrangers au port de Cherbourg.

68...... Plans des ports du Becquet, de Diélette et de l'anse Saint-Martin.

69...... Plans des carrières des Fourches, de Maupertus et de Fermanville.

70...... Dessins concernant les grues hydrauliques.

71...... Profils sur les plages à l'est et à l'ouest de Cherbourg.

72...... Plan de l'ancienne boulangerie des équipages de la flotte.

73...... Plans des postes électro-sémaphoriques.

74...... Plan de l'enceinte de l'arsenal et des zones de servitudes.

75...... Plan concernant les observations sur les marées.

76...... Plan concernant la construction du nouvel atelier des machines.

77...... Plan de la caserne Rochambeau.

1 K².

ARSENAL ET BÂTIMENTS.

1....... Notes sur l'assainissement. — Aqueduc. — Égouts.   1868–1891

2–11.... Ateliers des constructions navales. — Ateliers à bois. — Ateliers
de peinture. — Réparations. — Projets. — Ateliers des
chaudières à vapeur. — Chaudronnerie. — Serrurerie. —
Fonderie. — Machines. — Martinets. — Mâture. — Magasins.
Forges. — Corderie. — Zingage............   1844–1891

12...... Travaux concernant les bâtiments du Commissariat.   1832–1862

13...... Travaux concernant les bâtiments de l'ancienne Majorité générale...................................   1832–1884

14–15... Travaux concernant les bâtiments du Génie maritime.
1850–1891

16–19... Travaux concernant les casernes de l'Infanterie de marine.
1841–1890

20...... Travaux concernant les casernes de l'Artillerie de marine.
1853–1886

21–22... Construction de la caserne des Équipages de la Flotte.
1823–1891

23–24... Travaux concernant la caserne de Gendarmerie maritime.
1847–1891

25–28... Casernement des troupes................   1808–1885

29...... Études et projets concernant la construction d'une chapelle dans l'enceinte de l'arsenal.

    Acquisitions et mesures diverses relatives à l'exercice du culte. — Inaugurations.

30-35... Études. — Projets. — Marchés. — Travaux concernant les chemins de fer du Roule, de l'arsenal et des Flamands.   1829-1891

36-41... Projets et études concernant l'éclairage et le chauffage.   1861-1891

42-44... Clôtures et issues. — Délimitations entre la Guerre et la Marine. — Commissions d'assainissement..........   1811-1887

45-46... Construction de coqueries, de chaufferies, de réfectoires. — Rapports et notes concernant la propreté de l'arsenal.   1848-1890

47-49... Acquisitions de terrains pour un dépôt de bois à la mare de Tourlaville.........................   1845-1867

50-55... Dérivation des eaux de la Divette............   1785-1891

56-59... Études. — Rapports et travaux concernant la Direction d'Artillerie............................   1831-1891

60-62... Études, rapport et travaux concernant le bâtiment de la Direction des mouvements du port.............   1833-1891

63...... Études, rapports et travaux concernant le bâtiment de la Direction des travaux hydrauliques............   1839-1891

64-66... Notes et rapports concernant l'enceinte fortifiée. — Échanges de terrains entre la Guerre et la Marine. — Conférences relatives au tracé de l'enceinte...................   1811-1885

67-73... Marchés divers........................   1850-1886

74-80... Études, rapports et travaux concernant les établissements d'artillerie des Flamands et du Nardouët.......   1845-1891

81-87... Études, rapports et travaux concernant les établissements provisoires des subsistances et le bâtiment des subsistances.   1832-1891

88...... Établissements de fontaines, lavoirs, buanderies.   1837-1887

89-92... Études, rapports et travaux concernant la construction des cales de radoub et de visites.................   1812-1891

93...... Études et rapports concernant l'établissement d'un magasin de fulmi-coton à la Fauconnière.............   1890-1891

94-100.. Études et rapports concernant la construction de la gare de la
      mâture, de halles, de hangars, d'abris...... 1827-1891

101-113. Études et rapports concernant la construction de l'hôpital provisoire
      et de l'hôpital maritime. — Projets concernant la construction
      d'un hôpital mixte dans l'enceinte militaire... 1811-1891

114-117. Rapports, études et travaux concernant l'hôtel de la Préfecture
      maritime. — Projets de construction de l'hôtel à divers
      emplacements...................... 1827-1891

118-120. Rapport, études et travaux concernant la construction d'un
      marégraphe...................... 1803-1861

125..... Rapports, études et travaux concernant le matériel flottant.
      1812-1891

126-128. Rapports, études et travaux concernant l'installation de parcs à
      charbon dans l'arsenal............... 1849-1891

129-130. Rapports, études et travaux concernant les voies de communica-
      tion, les terre-pleins, les égouts............ 1828-1891

131...,. Rapports, études et travaux concernant la construction de pi-
      goulières...................... 1845-1855

132-133. Rapports, études et travaux concernant la construction de poly-
      gones à Querqueville et à La Hougue...... 1850-1891

        Convention entre la Marine et la commune de Querqueville pour
        le prêt du polygone le jour de la foire Saint-Clair et les jours
        de courses.

134..... Rapports, études et travaux concernant l'établissement de ponts-
      tournants...................... 1833-1871

135-136. Rapports, études et travaux concernant la construction d'un
      port d'échouage à l'est des Flamands....... 1852-1891

137..... Rapport d'une commission spéciale pour étudier la question d'un
      mouillage permanent dans l'anse Saint-Martin. — Demande du
      Conseil municipal d'Omonville-la-Rogue en vue d'obtenir l'amé-
      lioration du port (7 février 1861)......... 1852-1861

138..... Rapports, études et travaux concernant la construction de postes
      et de corps de garde............... 1838-1862

139-140. Projets, notes et rapports concernant les travaux du port de
      Cherbourg et l'ensemble des édifices à créer pour l'achèvement
      de ce port...................., 1810-1852

        Note sommaire des questions à traiter pendant le séjour à
        Cherbourg du Ministre de la Marine, en 1852.

141 . . . . . Pièces relatives aux casernements.   1858–1891

142–150 . Notes, rapports et travaux concernant la construction et l'instal-
          lation de sémaphores, de vigies, de lignes télégraphiques et
          téléphoniques.   1800–1891

          Rapport sur un mémoire de M. Henry Delaroque, dans lequel
          ce dernier cherche à déterminer la hauteur (200 mètres ou
          320 mètres), qu'il faudrait donner à une tour construite sur
          la montagne du Roule, pour apercevoir, du sommet de la tour,
          les vaisseaux qui se trouvent près des côtes d'Angleterre
          (16 mai 1812).

151 . . . . . Notes, rapports et travaux concernant la construction de l'atelier
          des bâtiments en fer.   1869–1891

152–153   Notes, rapports et travaux concernant la construction des bâti-
          ments de la Direction des défenses sous-marines, de la défense
          fixe et de la défense mobile.   1886–1891

154–160 . Notes, rapports et travaux concernant la construction de postes
          pour torpilleurs et sous-marins. . . . . ,   1887–1891

161 . . . . . Travaux de défense. — Prêt d'ouvriers à l'administration de la
          Guerre. — Construction d'un casernement provisoire pour
          l'infanterie de marine. — Prêt de locaux à l'administration
          de la Guerre et à d'autres départements ministériels.   .
                                                                 1870–1871

162–163 . Travaux concernant les casernes du vieil arsenal.   1846–1891

164 . . . . . Notes concernant l'établissement du vieux cimetière et sa clôture.
          — Affaires contentieuses.   1784–1886

          Remise par la Marine aux travaux publics du quai de l'Onglet
          entre la vigie de l'Onglet et le fossé de Chantereyne.

165–187 . Servitude de la Marine. — Rapports des commissions de ser-
          vitudes des 30 septembre 1859 et 1er juin 1888.   1785–1888

1 K⁴.

PORT ET RADE DE CHERBOURG.

1 . . . . Acquisitions de terrains divers pour la construction du port.
                                                                 1753–1875

2 . . . . Acquisition des terrains des Fourches, de Nacqueville, de la
          baie de Sainte-Anne, d'Équeurdreville. — Expropriations.
          — Servitudes. — Remises faites à la Marine par les admi-

nistrations de la Guerre, des Domaines et des Travaux-Publics.
— Remises faites par la Marine aux Domaines et aux Travaux-Publics.   1783–1876

3–5. . . . . . Délibérations des comités des travaux du port et de la rade.
                                                     1785–1809

6. . . . . Documents concernant les travaux du port, de la rade et des
établissements de la Marine à Cherbourg.   1782–1827

Copie d'un mémoire sur Cherbourg attribué à Vauban. — Copie
d'une lettre impériale adressée au Ministre de la Marine, le
16 mars 1805, au sujet du projet du port Bonaparte.

7. . . . . Travaux et rapports de la Commission de 1792. — Études des
questions relatives aux grands travaux de Cherbourg.
                                                     1792–1793

8. . . . . Correspondance échangée par l'ordonnateur des travaux avec le
duc d'Harcourt, gouverneur de la province de Normandie, et
le duc de Beuvron, lieutenant-général des armées du roi,
commandant en chef en Normandie. — Lettres du secrétaire
d'État au duc d'Harcourt. — Correspondance échangée entre
le duc d'Harcourt, le duc de Beuvron et le comte de la
Luzerne.   1784–1790

9. . . . . Travaux pour la construction des cônes de la digue. — Mémoires. — Dessins. — Plans. — Documents concernant le
transport des pierres en rade. — Versements de pierres à la
digue. — Jauge des bâtiments. — Règlements. — Marchés.
— Lettres du Ministre.   1783–1810

Correspondance relative à une fourniture de bois par l'Administration royale de Prusse (1785–1786). — Mémoire de
M. de Cessart au sujet de la construction, de la flottaison et la
mise à la mer d'une caisse conique au Havre (8 novembre
1782). — Mémoire de M. de Cessart sur la mise à la mer de
la première caisse conique à Cherbourg (3 juillet 1784). —
Plan de la rade à l'époque de l'immersion des cones.

10. . . . . . . Bâtiments employés au transport des pierres de la digue. —
Exhaussement de la digue. — Notes. — Instructions. —
Sondages.   1785–1815

Expériences faites en 1803 et 1808 sur la pesanteur spécifique
des pierres du Roule et du Becquet.

11. . . . . . . Avaries survenues à la digue. — Documents concernant le fort
Napoléon (fort-central).   1783–1808

Journal des tempêtes de 1783 à 1790. — Rapport au sujet du
naufrage de cinq bâtiments venus à la côte les 26 et 27 ni-
vôse an III et 1er janvier 1795. — Rapport de M. Letourneur

sur l'effet des tempêtes sur la digue en 1795. — Rapport sur
la tempête du 12 février 1808. — Lettre du Ministre au
Commissaire de Marine Franqueville l'informant que l'Empereur désire que la batterie Napoléon soit fermée par des
palissades ou par un mur crénelé (20 juin 1807).

12 . . . . . . Marchés divers. 1784–1812

13 . . . . . . Comptabilité. — Journaux de chantiers. 1783–1807

14 . . . . . . Emplois aux travaux de prisonniers de guerre espagnols. —
Décrets. — Registres de la correspondance relative aux
bataillons de prisonniers de guerre du 1ᵉʳ juillet 1811 au
28 mars 1814. — Pièces. — Minutes. — Ordres de service.
1803–1814

15 . . . . . . États d'ingénieurs employés au travaux de la rade. — Règlements concernant le personnel. 1790–1829

16 . . . . . . Établissements du vieil arsenal concernant l'exploitation des
carrières du Roule et les travaux de la rade. — Cales de
construction. — Murs de quai de l'avant-port du commerce.
1786–1799

17 . . . . . . Projet d'hôpital au Cauchin. — Études. — Adjudications et
abandon de travaux. 1785–1792

18 . . . . . . Dessins et plans concernant l'ancienne abbaye. — Documents
sur cet établissement. — Correspondance relative à l'agran-
dissement des locaux affectés au bagne 1784–1821

19 . . . . . . Casernements des équipages de la flotte. — Établissements
civils. — Corderies. — Parcs d'artillerie. — Adjudications.
1785–1821

20 . . . . . . Correspondance des ingénieurs Delorme et Cachin relative aux
travaux de Cherbourg. — Pièces relatives à divers procès
faits à l'ingénieur Cachin. — Contrats. 1781–1822

21-23 . . . Pièces de comptabilité. — Avants-projets de dépenses. — Tarifs
des matières employées aux travaux. — Procès-verbaux d'esti-
mations d'ouvrages 1784–1852

24 . . . . . . Achats et approvisionnements de granit. 1787–1861

25 . . . . . . Achats et approvisionnements de sable. 1836–1860

26 . . . . . . Achats et approvisionnements de blocs et de moellons du Roule
et du Becquet. 1810–1865

27 . . . . . . Formations des commissions de recettes. 1815–1882

28-30... Achats, notes et rapports sur les appareaux. — Machines. — Pompes. — Grues. — Scaphandres....... 1822-1886

Notes sur le bateau sous-marin du docteur Payerne (1850).

31...... Études et projets concernant le port militaire.... 1800-1830

Copie d'un arrêté consulaire du 2 germinal an XII-23 mars 1804, relatif à la construction d'un port militaire dans la rade de Cherbourg.

32...... Réparations. — Approfondissement du chenal de la passe d'entrée.................. 1855-1880

33...... Travaux de l'avant-port Chantereyne........ 1847-1891

34-36... Études et travaux sur le bassin Napoléon III.... 1834-1858

Notes historiques sur les grandes mines explosées au bassin Napoléon III (1854-1858).

37...... Documents relatifs à la construction du bassin Charles X.
1801-1832

38-39... Documents concernant le port du Becquet. — Aiguades. — Établissements de la Marine au Becquet..... 1784-1861

40-41... Travaux concernant les cales de construction.... 1809-1891

42...... Chenal et bassin des subsistances.............. 1856-1878

43-45... Travaux de défense du port et de la rade....... 1856-1891

46-49... Forts et batteries de la digue.............. 1829-1891

50-51... Rapports et études concernant les travaux du fort Chavagnac.
1845-1884

52-53... Rapports et études concernant les travaux exécutés aux forts et batteries de Querqueville, de Sainte-Anne, du Hommet, de l'île Pelée, des grèves et des musoirs de l'avant-port.
1807-1886

54...... Projets et rapports au sujet du nombre des navires de guerre que la rade et les bassins peuvent contenir. — Mémoires, notes et rapports sur le port et la rade de Cherbourg. — Notes historiques concernant la ville de Cherbourg, le port et la rade.............................. 1789-1870

Lettre du Ministre à l'ordonnateur des travaux de Cherbourg, annonçant l'envoi de plans dressés en 1789 par le Maréchal de camp Meusnier et le Commandant de la Bretonnière. —

Plan de la rade de Cherbourg, annoté à Versailles le 20 juin
1789 par MM. De la Luzerne, Meusnier et De la Bretonnière.
— Notice historique et descriptive des travaux de la digue
de Cherbourg, par M. Reibell, directeur des Travaux hydrauliques (1ᵉʳ novembre 1840).

1 K⁵.

AFFAIRES IMMOBILIÈRES, RENSEIGNEMENTS ÉCONOMIQUES, RAPPORTS DU SERVICE DES TRAVAUX HYDRAULIQUES AVEC LES ADMINISTRATIONS CIVILES.

1 . . . . Conventions avec des particuliers. — Échanges de terrains. —
Améliorations à apporter à diverses rues et places de Cherbourg. — Mémoire sur le commerce de Cherbourg.
1786-1823

> Rapport sur la situation du clocher et du vieux portail de
> l'église Sainte-Trinité (23 juillet 1823).

2 . . . . Notes sur les productions végétales et minérales du département
de la Manche, ses industries et ses moyens de navigation inté-
rieure. — Recherches de mines de houille. — Mémoire sur le
desséchement des Veys. — Lettres et notes concernant la
construction du pont du Petit-Vey. 1796-1824

3-8 . . . . . Correspondance et procès-verbaux relatifs à des propriétés immobilières et aux terrains appartenant à la Marine, à Cherbourg,
Fermanville, Digosville, Tourlaville, Hainneville, Le Havre
et Dunkerque. 1784-1791

> Procès-verbal de la remise faite par la Marine au Maire de la
> ville de Cherbourg, de la chapelle de Notre-Dame-du-Vœu
> (23 janvier 1818).

9-10 . . . . Documents relatifs à divers travaux. — Notes et rapports sur
l'Angleterre et ses ports. — Notes concernant l'érection de la
statue équestre de Napoléon Iᵉʳ. — Participation de la Marine
à l'exposition universelle de 1878 1806-1884

> Rapport de M. Reibell, inspecteur général des Travaux hydrau-
> liques, relatif aux travaux exécutés par le Gouvernement an-
> glais à l'île d'Aurigny (6 octobre 1855).

1 K⁶.

LITTORAL ET PORTS AUTRES QUE CEUX DE CHERBOURG.

1 . . . . Rapports de M. l'Ingénieur Cachin sur une reconnaissance de
la côte entre Diélette et Port-Bail. — Notes sur les ports

de Sains-Vaast, Barfleur, Cap Lévi, Diélette, Granville, Saint-
Malo........................·........   1796-1828

2........ Défense du littoral contre les envahissements de la mer.
1784-1869

1 K⁷.

1........ Visites et passages de Souverains et de grands personnages. —
Fêtes diverses.........................   1786-1891

> Visite du Comte d'Artois (27 mai 1786). — Visite du Roi
> (22 juin 1786). — Extrait des registres des délibérations du
> Directoire exécutif pour l'institution de la fête de la décade
> (14 germinal an VI–3 avril 1798). — Inauguration de la
> batterie Napoléon sur la digue (16 août 1804). — Visite de
> l'Empereur et de l'Impératrice (26–30 mai 1811). — Visite
> de l'Impératrice et inauguration de l'avant-port (25 août–
> 1ᵉʳ septembre 1813). — Visite de la Dauphine (10 septembre
> 1827). — Visite du Dauphin pour l'inauguration du bassin à flot
> (24–28 août 1829). — Visite du Roi et de la Reine (1–6 sep-
> tembre 1833). — Réception du Prince néerlandais Louis-Fré-
> déric (5 mai 1840). –- Passage du Prince Jérôme à Cherbourg
> (2 août 1852). — Visite du Ministre de la Marine, et
> lancement du vaisseau *Austerlitz* (15 septembre 1852). —
> Débarquement du Prince Maximilien d'Autriche (26 mai 1856).
> — Arrivée à Cherbourg du Prince Oscar de Suède (2 juin
> 1856). — Visite du Grand-Duc Constantin (25 mai 1857). —
> Visite de l'Empereur et de l'Impératrice pour l'inauguration
> du bassin Napoléon III (7 août 1858). — Visite du Prince
> Guillaume de Danemark (18–29 juin 1860). — Visite à Cher-
> bourg du Vice-Roi d'Égypte Saïd-Pacha (22–24 juin 1862). —
> Visite du Prince Adalbert de Prusse (2 août 1862) — Visite
> de l'Impératrice (27 juillet 1867). — Visite du Prince
> impérial (14–16 avril 1868). — Visite du Schah de Perse
> (5–6 juillet 1873). — Visite du Président de la République
> .(17– 19 août 1877). — Pièces concernant d'autres fêtes que
> celles données à l'occasion des visites officielles des souverains
> régnants. — Passages de la Reine d'Angleterre à Cherbourg
> (1786–1891).